CIENCIA
EN SEGUNDOS

Experimentos que puedes hacer
en 10 minutos o menos

Jean Potter

EDITORIAL
ALBATROS

Título original *Science in seconds for kids*
Over 100 experiments you can do in ten minutes or less

Diseño de tapa: María Laura Martínez
Ilustración: Viviana Garofoli
Traducción: Silvia Sassone
Dirección: Lucia Molteni

I.S.B.N 950-24-0748-2

*Dedico este libro a mi querido amigo
James H. Harless,
en reconocimiento por su amistad y amor hacia el
prójimo, y por sus importantes contribuciones en el
campo educativo.*

Un agradecimiento especial para:

Robert M. Frostig, profesor de ciencias, Horace Mann Junior High Scholl, Charleston, West Virginia.
Michael J. Chovanec, profesor de física; Tobin George, profesor de biología; William Fry, profesor de ciencias; Hempfield Area High School, Greensburg, Pennsylvania.

También agradecemos:

a Thomas, mi esposo, por su increíble amor y apoyo;
a Archie y a Shadow, nuestros perros, por su compañía, amistad y constante vigilia;
a Mary, mi amiga, por su amor, comprensión y asistencia;
a mi madre, a mi padre, a Emmett y a toda mi familia, por tantísimas razones;
a Kate Bradford, mi editora, por toda su experiencia y consejo.

CONTENIDO

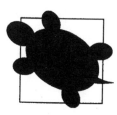

Energía

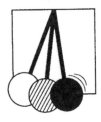

La fuerza de gravedad

El cuerpo humano

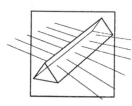

La luz

Máquinas

Magnetismo

Ampliación

Agua

El clima

Introducción

Ciencia en segundos contiene experimentos fáciles y rápidos que te ayudarán a descubrir las maravillas de la ciencia, desde cómo funcionan los cohetes espaciales hasta lo que provoca un rayo. Para cada actividad se necesitan sólo diez minutos o menos. Pronto podrás conocer muchísimos temas sumamente emocionantes.

CÓMO ESTÁ ORGANIZADO ESTE LIBRO

Ciencia en segundos se divide en secciones por tema. Si buscas una actividad en particular, podrás encontrarla en el índice de experimentos, que se encuentra en la última parte del libro.

Cada experimento da una respuesta a una pregunta en particular sobre ciencia e incluye la lista de materiales que necesitas, pasos fáciles de seguir y una explicación sobre lo que cada experimento demuestra. No hay necesidad de comprar materiales especiales, pero es posible que tengas interés en hacer una visita a la biblioteca, a fin de conseguir información adicional sobre los temas.

CONSEJOS PARA FINALIZAR LOS EXPERIMENTOS

Sé siempre cuidadoso cuando realices los experimentos. Estos consejos te ayudarán:

Prepárate. Antes de comenzar, lee todo lo referente a cualquiera de los experimentos. Junta los materiales necesarios antes de empezar y colócalos en el orden en que los utilizarás. La ciencia puede provocar desprolijidades, por lo tanto, usa ropa vieja cuando hagas un experimento. Busca un buen espacio para trabajar que tenga ventilación suficiente. Cubre las superficies con papel de diario en caso de que se produzcan derrames.

Sé preciso. Cuando lleves a cabo los experimentos, sigue bien las instrucciones y anota todos los resultados. Trata de repetir el experimento. Al hacerlo, te asegurarás de la precisión de los resultados.

Sé creativo. Después de finalizar un experimento según las instrucciones, intenta pensar maneras de cambiar la actividad. Busca los resultados como consecuencia del cambio en el experimento. Antes de hacerlo, pregúntale a un adulto si la sustitución que haces es correcta.

Ten cuidado. Pídele a un adulto ayuda y supervisión cuando utilices instrumentos filosos. Los materiales deben utilizarse con el fin para que fueron pensados. Trabaja con precaución.

Sé prolijo. Mantén el área de trabajo y tu trabajo tan prolijos como te sea posible. Utiliza instrumentos limpios y lávalos después de haberlos usado. Guarda los materiales después de haberlos lavado.

AIRE

El aire es una mezcla especial de gases que rodea la tierra y se introduce en su atmósfera. Como es incoloro, inodoro e insaboro, a veces nos olvidamos de que está presente. Sin embargo, lo está y es muy importante.

El aire tiene muchos usos, desde mantener la vida de todo ser hasta hacer posible que juegues al básquetbol. En esta sección, realizarás algunos experimentos que te enseñarán cómo el aire puede impulsar objetos, elevarlos o hacer que las pelotas reboten.

PAPEL SECO

¿Puede el papel mantenerse seco en agua?

MATERIALES

agua corriente
recipiente de plástico
hoja de papel
vaso de plástico

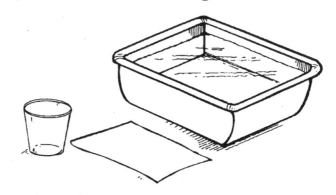

PROCEDIMIENTO

1. Llena el recipiente con agua corriente hasta alrededor de los tres tercios de su capacidad.
2. Haz un bollo de papel y colócalo a presión hasta el fondo del vaso de plástico. Usa suficiente cantidad de papel para que permanezca en el fondo cuando coloques el vaso boca abajo.
3. Mantén el vaso boca abajo y colócalo a presión en el agua. Asegúrate de sostener el vaso bien vertical y no inclinado.
4. Retira el vaso del agua en forma recta y quita el papel. ¿Qué sucedió?

EXPLICACIÓN

El papel no se mojó. Había aire rodeando el papel del vaso. Cuando colocaste el vaso a presión en el agua, el aire quedó atrapado en el interior. Este aire, al hacer presión, evitó que el agua entrara al vaso. Si hubieras inclinado el vaso, habría escapado y el agua habría ingresado, en cuyo caso, el papel se habría mojado.

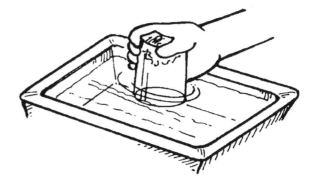

AIRE ELÁSTICO

¿Por qué un globo inflado de aire rebota?

MATERIALES

globo

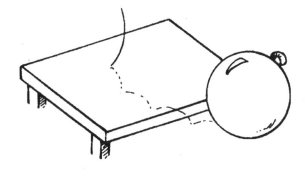

PROCEDIMIENTO

1. Infla un globo.
2. Ata el cuello bien fuerte.
3. Con la mano, empujalo hacia distintas direcciones.
4. Haz que el globo rebote contra una mesa o contra el piso. ¿Qué sucede con el globo cuando ejerces presión o lo haces rebotar contra algo?

EXPLICACIÓN

Los globos están hechos de un material **elástico** (que se estira) llamado **látex**. Cuando lo inflas con aire, las **moléculas** del aire (partículas más pequeñas que forman una sustancia y que pueden existir por sí mismas) se acumulan en forma apretada entre sí. Cuando empujas el globo, sientes la resistencia de las moléculas. El globo es elástico y también lo es el aire que está en su interior. Debido a que el aire es elástico, el globo rebota cuando lo empujas contra una mesa o contra el piso. Si el globo se llenara con arena, no rebotaría. Ésta es la razón por la que las pelotas de básquetbol, de fútbol y otras están llenas de aire.

COHETE AÉREO

¿Qué sucede cuando el aire se coloca a presión?

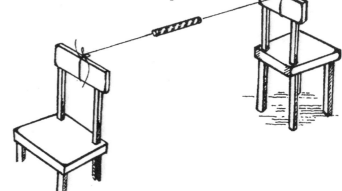

MATERIALES

trozo de hilo de 2 m de largo
2 sillas
pajita de sorber
globo alargado
cinta adhesiva de pintor

PROCEDIMIENTO

1. Ata uno de los extremos del hilo a la primera silla.
2. Pasa el hilo a través de la pajita de sorber.
3. Ata el otro extremo del hilo a la segunda silla.
4. Separa las sillas para que el hilo quede tenso.
5. Infla el globo y sostén apretado el cuello para que no se escape el aire.
6. Mantén cerrado el cuello del globo mientras lo pegas con cinta a la pajita.
7. Cuando el globo esté adherido, suelta el cuello. ¿Qué sucede?

EXPLICACIÓN

El globo es impulsado por el hilo. Cuando lo inflaste, colocaste en él aire a presión. El material elástico del globo colocó **presión** o **fuerza** en el aire del interior. Cuando lo soltaste, el aire salió expelido con una fuerza que lo empujó en la dirección opuesta.

Cuando se lanza un cohete al espacio, se requiere de una fuerza tremenda para hacerlo despegar de la tierra. El cohete logra esta fuerza por medio de combustible que se **enciende** y explota en el extremo de base del cohete, haciendo que éste se eleve.

APOYO DEL AIRE

¿Cómo afecta la forma de un objeto la manera en que el objeto cae por el aire?

MATERIALES

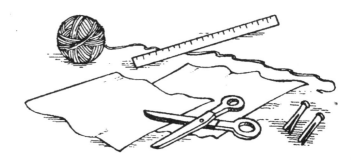

tijeras
regla
trozo de hilo de 2,4 m
2 pañuelos cuadrados
2 broches de ropa

PROCEDIMIENTO

1. Corta el hilo en ocho partes de 30 cm.
2. Realiza un nudo grande en el medio de uno de los pañuelos.
3. Ata uno de los trozos de hilo a cada punta de los pañuelos.
4. Junta los extremos de los hilos sueltos que salen de cada pañuelo y átalos con un nudo alrededor de un broche de ropa.
5. Toma cada uno por el centro y échalo por el aire. ¿Qué sucede?

EXPLICACIÓN

El pañuelo que tenía el nudo en el medio cayó al suelo más rápido que aquel que no lo tenía. Cuando un objeto cae por el aire, choca contra las moléculas del aire. Cada molécula ejerce una presión leve sobre el objeto que cae. Debido a que el pañuelo que no estaba anudado se pudo extender, atrapó mayor cantidad de moléculas, cayó más lentamente.

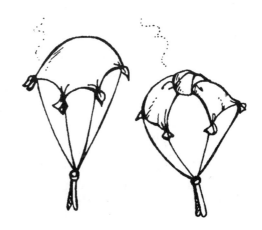

GLOBO DE BOTELLA

¿Qué le sucede al aire cuando se lo calienta o se lo enfría?

MATERIALES

globo
botella de soda de 2 litros
agua corriente caliente
2 torteras
agua corriente helada
la ayuda de un adulto

PROCEDIMIENTO

1. Calza el globo en la boca de la botella.
2. Pídele a un adulto que vierta agua caliente en la primera de las torteras.
3. Vierte agua helada en la segunda tortera.
4. Coloca la botella con el globo en la tortera de agua caliente durante unos segundos y observa lo que sucede.
5. Retira la botella del agua caliente y colócala en agua helada. ¿Qué le sucede al globo esta vez?

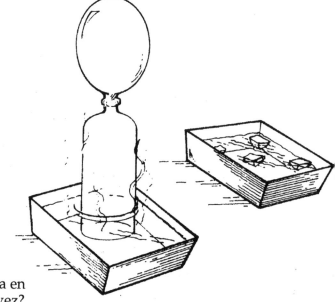

EXPLICACIÓN

La botella parece vacía, pero está llena de moléculas de aire. Dichas moléculas se mueven constantemente. Cuanto más caliente son las moléculas, más se mueven y más espacio ocupan. Al poner la botella con el globo en el agua caliente, el globo se **infló** o se expandió con aire, ya que las moléculas ocupaban mayor espacio. Cuando colocaste la botella en el agua helada, el globo se **desinfló**, ya que las moléculas ocuparon menor espacio.

ELEVACIÓN DE UN LIBRO

¿Puede levantar el aire objetos pesados?

MATERIALES

bolsa de plástico
libro

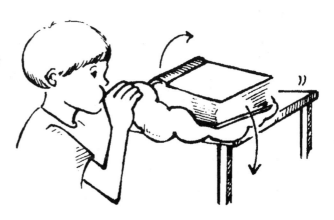

PROCEDIMIENTO

1. Coloca la bolsa sobre una mesa.
2. Coloca el libro sobre la bolsa.
3. Emplaza la bolsa de modo tal que el extremo abierto sobresalga de la mesa. El libro no debería sobresalir de la mesa.
4. Eleva un poco la bolsa, sopla muy fuerte por el extremo abierto. ¿Qué sucede con el libro?

EXPLICACIÓN

Cuando soplaste en la bolsa, el libro se separó de la mesa elevándose. Las moléculas de aire adicionales que agregaste en la bolsa hicieron presión entre sí, haciendo que la bolsa se expandiera y levantara el libro. La forma en que soplaste aire es muy parecida a cómo se inflan los neumáticos. La presión del aire es tan fuerte que en grandes cantidades puede elevar camiones muy pesados.

POLVO EN EL AIRE

¿Qué hay en el aire?

MATERIALES

linterna

PROCEDIMIENTO

1. Enciende la linterna.
2. Oscurece una habitación.
3. Dirige el rayo de luz sobre un objeto y observa el espacio de aire entre la luz de la linterna y el objeto. ¿Qué es lo que observas?

EXPLICACIÓN

Cuando observaste el rayo de luz de la linterna, viste **partículas** diminutas (trocitos muy pequeños) que flotaban en el aire. El aire de la tierra no es gas puro. Contiene también partículas de polvo, arena, pelusas de tela, metales, madera, plásticos, cenizas, cabellos y otros materiales. Cuando el aire se llena de partículas manufacturadas, tales como el hollín o los productos químicos, decimos que está **contaminado.**

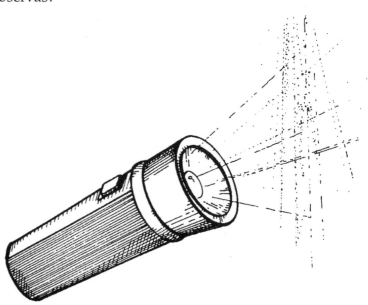

DIRECCIÓN DEL VIENTO

¿En qué dirección sopla el viento?

MATERIALES

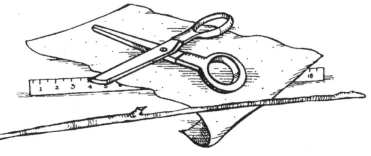

tijeras
regla
trozo de tela liviana
palito de alrededor de 1 m de largo

PROCEDIMIENTO

1. Corta un trozo de tela de alrededor de 30 x 7,5 cm.
2. Ata un extremo de la tela al extremo del palito.
3. Espera un día ventoso para realizar el experimento. Clava el palito en la tierra con la tela flameando en el extremo. ¿De qué dirección viene el viento? ¿Qué tan fuerte es?

EXPLICACIÓN

Cuando el viento sopla, el aire se mueve y hace presión contra los objetos. Tu trozo de tela probablemente flameó al viento y apuntó hacia un lugar en particular, mostrándote en qué dirección soplaba éste. El estudio del aire en movimiento es de suma importancia para marinos y pilotos de avión. Ésa es la razón por la que a veces se ven mangas de viento en los aeropuertos o cerca del agua. Están allí para indicar qué tan fuerte es el viento y de qué dirección proviene.

FUERZA DEL AIRE

¿Qué tan fuerte es la presión del aire?

MATERIALES

tarjeta de 12 x 20 cm
vaso de plástico
agua corriente
recipiente

PROCEDIMIENTO

1. Asegúrate de que la tarjeta sea lo suficientemente grande como para cubrir por completo la boca del vaso de plástico.
2. Llena el vaso con agua hasta el borde, de modo tal que no quede espacio para el aire.
3. Coloca la tarjeta sobre la boca del vaso. Asegúrate de que no haya aire entre la tarjeta y el agua. Si hay espacio para que ingrese aire, retira la tarjeta, agrega más agua y vuelve a colocarla.
4. Sostén la tarjeta en su sitio colocando una mano sobre ésta.
5. Da vuelta el vaso sobre el recipiente y lentamente retira la mano de abajo de la tarjeta.
6. Gira el vaso lentamente de varias maneras. ¿Puede la tarjeta quedarse sobre el vidrio cuando la mueves en diferentes direcciones?

EXPLICACIÓN

El aire que nos rodea hace presión en todas direcciones. El aire presionó contra el vaso cuando éste se encontraba boca arriba. Cuando lo diste vuelta hacia abajo, el aire mantuvo la presión sobre la tarjeta y se quedó en su sitio. La tarjeta se mantendrá presionada contra el vaso hasta que una fuerza más potente que el aire la mueva.

ANIMALES

 La mayoría de los seres vivientes se dividen en dos categorías principales: plantas y animales. La mayor parte de los animales pueden ver, oír, sentir, oler y gustar, tal como lo hacen los seres humanos. Los animales tienen diferentes tamaños, formas y colores. Algunos son enormes, en tanto que otros no pueden verse sin la ayuda de un microscopio. Independientemente del animal de que se trate, resulta fascinante su estudio.

En esta sección, descubrirás muchas cosas sobre los animales. Inspeccionarás a un gato para encontrarle las garras. Aprenderás a determinar la edad de un caracol. Y descubrirás una manera no común aunque interesante de determinar si una tortuga es macho o hembra.

GARRAS DEL GATO

¿Dónde están las garras del gato cuando no las usa?

MATERIALES

un gato conocido y manso al que no se le han cortado las uñas

PROCEDIMIENTO

1. Observa al gato y mira si puedes verle las garras sin tocarlo.
2. Examina con suavidad sus garras. Trata de encontrarlas.

EXPLICACIÓN

Cuando un gato no usa sus garras, no puedes verlas de la forma en que sí puedes ver las uñas de las patas de un perro. Cuando el gato no usa las garras, éstas se retraen debajo de la piel de los dedos. Cuando necesita de sus garras, extiende los dedos y entonces aparecen. Si las garras estuvieran siempre a la vista, dejarían de ser filosas cuando caminara sobre ellas. Los gatos las utilizan para trepar a los árboles y para atrapar a sus presas.

FORMA DEL HUEVO

¿Por qué los huevos no son redondos?

MATERIALES

huevo duro
pelota redonda

PROCEDIMIENTO

1. Coloca el huevo duro y la pelota en el piso.
2. Haz rodar a cada uno. ¿Cuál de los dos rueda
   con mayor facilidad?

EXPLICACIÓN

Cuando hiciste rodar la pelota, ésta se movió fácilmente por el piso. El huevo rodó un poco, pero principalmente se quedó balanceándose. La forma del huevo evita que éste se caiga rodando del nido de un ave; hace también que el huevo sea más **resistente** (capaz de soportar) las roturas. Es más probable que se cuartee un objeto redondo que uno ovalado.

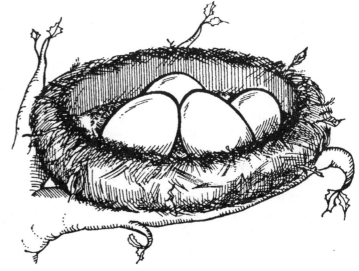

EXAMEN
DE UNA TORTUGA

¿Cómo puedes saber si una tortuga es macho o hembra?

MATERIALES

varias tortugas

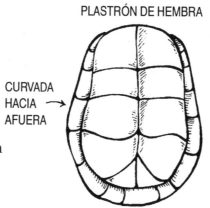

PROCEDIMIENTO

1. Con suavidad da vuelta cada tortuga e inspecciona la forma de la parte inferior del caparazón.
2. Observa la curva de esta parte. ¿Es convexa o cóncava?

EXPLICACIÓN

La forma de la parte inferior del caparazón puede indicarnos si la tortuga es un macho o una hembra. Si la parte inferior o **plastrón** es levemente **convexa** (curvada hacia afuera), la tortuga es hembra. Si la caparazón es **cóncava** (curvada hacia adentro), la tortuga es macho.

PLASTRÓN DE HEMBRA

PLASTRÓN DE MACHO

CURVADA HACIA AFUERA

CURVADA HACIA ADENTRO

24

MOSCA LENTA

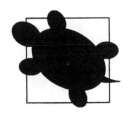

¿Qué le sucede a una mosca cuando hace frío?

MATERIALES

frasco con tapa de rosca
martillo
clavo
mosca viva
la ayuda de un adulto
Se necesita una heladera

PROCEDIMIENTO

1. Pídele a un adulto que perfore orificios en la tapa del frasco con el martillo y el clavo.
2. Coloca una mosca en el frasco y enrosca la tapa.
3. Coloca el frasco en la heladera durante unos minutos.
4. Retíralo y observa la mosca.
5. Quita la tapa y suéltala.

EXPLICACIÓN

Cuando colocaste la mosca en la heladera, hiciste que su metabolismo se desacelerara. El **metabolismo** mide la velocidad de los procesos químicos que tienen lugar en un **organismo** o ser vivo. Los procesos metabólicos producen energía. El metabolismo de la mosca se desaceleró por la temperatura baja de la heladera, de modo que no se movió tan rápido como antes lo hacía. Después de que volvió a calentarse, su metabolismo volvió a tener su velocidad normal.

ESQUELETO DE LOS PECES

¿Cuál es la función del esqueleto de un pez?

MATERIALES

hoja de papel de aluminio
esqueleto de un pescado fresco
lupa

PROCEDIMIENTO

1. Coloca la hoja de papel de aluminio sobre una mesa y el esqueleto sobre ella.
2. Separa el esqueleto y examina las espinas de cerca con la ayuda de una lupa. Observa el largo de la columna vertebral, cada espina individual y la sustancia blanda parecida a las espinas que hay entre éstas.

EXPLICACIÓN

Los peces se llaman **vertebrados**, ya que poseen columna vertebral. Ésta se encuentra formada de espinas pequeñas y separadas llamadas vértebras, que están separadas a su vez por amortiguadores de cartílagos. El **cartílago** es un material similar al hueso, pero más blando. Las espinas que se extienden a cada lado de las vértebras ayudan a sostener en su sitio los músculos del pez. La columna vertebral protege la **médula espinal**, que se extiende desde el cerebro y hasta la cola. Está compuesta por fibras nerviosas. Los nervios y células sensibles de la médula espinal forman el sistema nervioso, que es el centro de control de todos los movimientos del pez.

VÉRTEBRA

Ayuda a mantener los músculos en su sitio.

COLUMNA VERTEBRAL (MÉDULA ESPINAL)

CARTÍLAGO

26

OSTRAS FRESCAS

¿Qué es lo que hay adentro de la valva de una ostra?

MATERIALES

ostra fresca (se compra en la pescadería)
papel de carnicería
lupa
la ayuda de un adulto

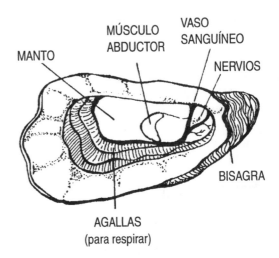

PROCEDIMIENTO

1. Pídele a un adulto que te abra una ostra.
2. Colócala sobre el papel de carnicería.
3. Examina con la lupa su interior.
4. Averigua cómo la ostra abre y cierra las valvas.
   ¿Para qué crees que son las otras partes de la ostra?

EXPLICACIÓN

La valva de una ostra se divide en dos secciones principales. La primera sección es una bisagra que le permite abrirse y cerrarse mientras recolecta alimentos. La segunda sección, en el interior de la valva, es un músculo fuerte que se llama **abductor.** Dicho músculo mantiene adherido el cuerpo de la ostra a la valva, de modo que pueda abrir las mitades de las valvas. A veces las ostras se adhieren a una roca o a otro objeto que encuentra en el fondo del mar. La valva de la ostra está forrada por un tejido que se llama **manto.** Este recubrimiento crece a cada lado del cuerpo y **secreta** o expele una sustancia gelatinosa que forma la valva.

EL ZUMBIDO
DE LOS INSECTOS

¿Qué sonido producen los insectos?

MATERIALES

insectos vivos
vaso de plástico
hoja de papel manteca
banda elástica

PROCEDIMIENTO

1. Captura un insecto en el vaso de plástico.
2. Coloca la hoja de papel manteca encima de la parte superior del vaso y asegúrala con una banda elástica.
3. Sostén el vaso cerca de tu oído. ¿Qué oyes?
4. Retira el papel manteca y suelta el insecto.

EXPLICACIÓN

Los insectos producen sonidos que a veces son difíciles de oír. Es posible que oigas el sonido del insecto porque éste se encuentra en el vaso. El vaso y el papel manteca actúan como un **amplificador** (dispositivo para aumentar sonidos). El aire en el interior del vaso vibra con el sonido, que mueve el papel manteca y produce más vibración, de modo tal que el sonido aumenta. Algunos insectos producen sonidos moviendo las alas hacia adelante y hacia atrás. Los mosquitos baten las alas alrededor de 25 veces por segundo, en tanto que las abejas lo hacen 250 veces por segundo. Una mosca común mueve sus alas alrededor de 120 veces por segundo.

COLORES

Los **colores** son el resultado de que diferentes longitudes de ondas de luz reboten sobre objetos e ingresen por los ojos. En la luz blanca se encuentran todos los colores. Cuando la luz llega a un objeto, se **reflejan** algunas longitudes de onda o rebotan y son **absorbidas** o asimiladas. Las longitudes de onda que se reflejan en el ojo son las que se ven como el color de un objeto. Cuando miras el pasto, puedes ver que es verde, porque la longitud de onda verde se refleja en el ojo y los otros colores son absorbidos. En esta sección, harás experimentos con colores. Los mezclarás y los separarás. Puedes incluso crear tu propio arco iris.

ARCO IRIS
EN EL AGUA

¿Cómo pueden el agua y la luz del sol crear un arco iris?

MATERIALES

vaso de plástico transparente
agua corriente
hoja de papel blanco
Se necesita una ventana con sol.

PROCEDIMIENTO

1. Llena el vaso de plástico con agua.
2. Coloca el vaso con agua en el antepecho de la ventana, bajo el sol, de modo tal que el vaso se extienda un poco por encima del reborde. Coloca el vaso en forma equilibrada para que no se vuelque.
3. Coloca la hoja de papel sobre el piso donde cae la luz del sol.
   ¿Qué es lo que se ve sobre el papel?

EXPLICACIÓN

Sobre la hoja de papel apareció un arco iris. Aunque la luz del sol parezca blanca o no tenga color, en realidad está formada por diferentes colores. Los colores combinados forman un **espectro** o una serie de bandas de color. Cuando la luz pasó por el agua del vaso, los rayos de cada color tomaron curvaturas en diferentes direcciones. Cuando los rayos se reflejaron sobre el papel, se vieron todos los colores del espectro, como si fuera un arco iris. El orden de los colores es siempre el mismo, ya que se curvan siempre de la misma manera.

ARCO IRIS EN EL ACEITE

¿Qué es lo que hace que aparezca un arco iris en una mancha de aceite?

MATERIALES

agua corriente
sartén de teflón
gotero
aceite vegetal
Se necesita una ventana con mucha luz.

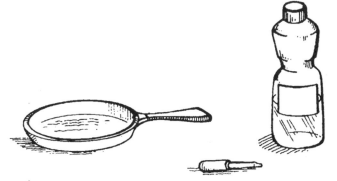

PROCEDIMIENTO

1. Vierte 2,5 cm de agua corriente en la sartén.
2. Coloca la sartén sobre una mesa que esté situada junto a una ventana con luz. No colo ques la sartén a la luz directa del sol.
3. Mira el agua en un ángulo, de modo que la luz proveniente del cielo se refleje en tus ojos.
4. Observando siempre el agua desde el mismo ángulo, utiliza un gotero para colocar una gota de aceite en la superficie del borde de la sartén más cercano a ti. Observa los colores del arco iris que se reflejan en el borde opuesto de la sartén. Observa lo que sucede.
5. Sopla sobre la superficie. ¿Qué sucede con los colores?

EXPLICACIÓN

Cuando colocaste el aceite en el agua, viste un **arco iris** de colores que se alejaba de ti hacia el borde opuesto de la sartén. Cuando soplaste sobre la superficie, los colores cambiaron. Los rayos de luz se curvaban a medida que pasaban por el aceite, de modo que pudiste ver los colores del espectro. Cuando se movió el aceite, la luz cambió de dirección, el arco iris comenzó a girar y se curvó.

31

COLORES SECUNDARIOS

¿Cómo se componen los colores secundarios?

MATERIALES

tijeras
regla
trozos de papel de acetato azul,
rojo y amarillo

PROCEDIMIENTO

1. Corta dos círculos de 15 cm de **diámetro** (distancia transversal del círculo) de cada trozo de acetato.
2. Coloca los círculos uno encima del otro para formar colores adicionales.
3. Muévelos en derredor para hacer tantos colores como sea posible.
   ¿Cuántos colores diferentes hiciste?

EXPLICACIÓN

El acetato es un material transparente de color que te permite mezclar colores con facilidad y en forma temporaria. Cuando colocaste los círculos de acetato uno encima del otro, creaste diferentes colores. Los **colores primarios** son el rojo, amarillo y el azul. Los **colores secundarios** son combinaciones de dos colores primarios. Todos los colores, salvo el blanco, pueden hacerse mezclando colores primarios.

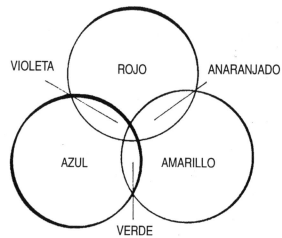

NUEVA MEZCLA

¿Qué sucede cuando miras a través de dos colores a la vez?

MATERIALES

vaso de plástico transparente
recipiente de plástico transparente
agua corriente
colorante para comida amarillo y azul

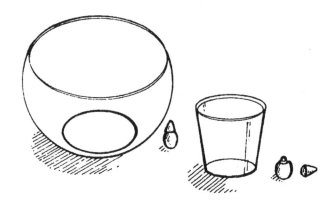

PROCEDIMIENTO

1. Asegúrate de que el vaso de plástico quepa en el recipiente.
2. Vierte agua en el recipiente hasta llenar tres cuartos de su capacidad.
3. Mezcla el colorante de comida amarillo.
4. Vierte agua en el vaso hasta la mitad.
5. Mezcla el colorante de comida azul.
6. Coloca el vaso de agua azul en el recipiente de agua amarilla. Observa el agua del vaso a través del agua del recipiente. ¿Qué color puedes ver? Verifica otros colores, cambiando el color del agua.

EXPLICACIÓN

El agua se vio verde. La luz está formada por una serie de bandas de color, el *espectro*, que puede verse cuando la luz se descompone mediante un prisma. Todos los objetos reflejan y absorben tres colores, de modo que el color de un objeto se determina mediante el color o los colores que refleja. El agua azul reflejó luz azul; y el agua amarilla, luz amarilla. El agua absorbió todos los demás colores. Al colocar el vaso de agua azul en el recipiente de agua amarilla, mezclaste por un momento dos colores. Esta mezcla absorbió la mayoría de los colores del espectro y reflejó luz verde, de modo que el agua se vio verde.

SI SE EXPANDE UN GLOBO...

¿Por qué el color de un globo se aclara cuando se infla?

MATERIALES

2 globos del mismo color

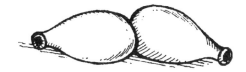

PROCEDIMIENTO

1. Infla uno de los globos tanto como puedas sin llegar a que explote.
2. Sujeta el cuello para cerrarlo.
3. Mantén el globo inflado junto al que no lo está.
   ¿Qué es lo que observas respecto de los colores?

EXPLICACIÓN

Los globos están hechos de un material elástico llamado *látex* que por un **pigmento** tiene color. Al inflarlo, haces que el látex se expanda y se vuelva más delgado. Esto hace que el pigmento del globo se estire, de modo que el color se ve más claro.

34

COLORES CÁLIDOS

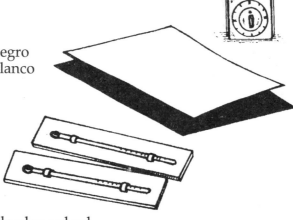

¿Cómo reaccionan los colores con el calor?

MATERIALES

hoja de papel de plano de color negro
hoja de papel de plano de color blanco
2 termómetros
sincronizador

PROCEDIMIENTO

1. Coloca las dos hojas de papel de plano al sol.
2. Coloca un termómetro debajo de cada una.
3. Lee los termómetros después de 10 minutos. ¿Cuál es la lectura?

EXPLICACIÓN

El **termómetro** (dispositivo para medir temperatura) situado debajo del papel negro registró una temperatura más alta. Las dos hojas de papel se calentaron con los rayos del sol, pero la hoja de papel blanco reflejó casi toda la luz que cayó sobre ella. El papel negro absorbió la mayor parte de la luz. Si en un día caluroso usas ropas oscuras, la ropa absorberá muchísimo calor y sentirás que ¡hierves!

COLORES QUE GIRAN

¿Cómo ve el ojo los colores que se mueven muy rápido?

MATERIALES

regla
lápiz
círculo de cartulina
dos marcadores de colores diferentes
tijeras

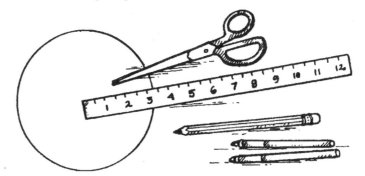

PROCEDIMIENTO

1. Usa la regla para dibujar una línea recta por el medio del círculo, de izquierda a derecha y otra línea por la mitad, también, desde la parte superior a la inferior.
2. Con los marcadores, colorea cada sección del círculo, en forma alternada.
3. Con la punta de la tijera, perfora un orificio en el medio del círculo. Debe ser lo suficientemente grande como para que pase un lápiz a través de él.
4. Pasa la punta del lápiz por el orificio, de modo que ésta quede del lado no pintado del círculo.
5. Haz girar el lápiz entre las manos y observa los colores. ¿Qué sucede?

EXPLICACIÓN

Al girar muy rápido el círculo, tus ojos no pudieron ver los colores individuales. Vieron un color que es la mezcla de colores. El color que viste dependía de los colores que pintaste. Ésta es la razón por la que las películas parecen tan reales, aun cuando están hechas de cuadros diferentes. La película se mueve tan rápido que tus ojos no pueden ver cada cuadro, de modo que lo que ves es una escena en continuo movimiento.

CROMATOGRAFÍA

¿Pueden separarse los colores después de haberlos mezclado?

MATERIALES

varios marcadores al agua
de diferentes colores
filtro de café de forma cónica
agua corriente
asadera

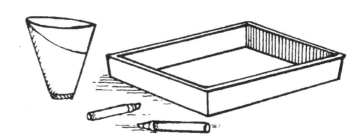

PROCEDIMIENTO

1. Realiza sobre el filtro de café tantos puntos de distintos colores como desees, pero sólo hasta 15 mm del borde del filtro.
2. Dobla el filtro por la mitad.
3. Vierte agua en la asadera hasta llenar un tercio de su capacidad.
4. Para el filtro en el agua, asegurándote de que el agua no toque ninguno de los puntos de color.
5. Observa cómo el agua sube por el filtro.
6. Cuando el agua haya subido por completo, retira el filtro del agua y colócalo aparte para que se seque. ¿Qué sucede con los colores?

EXPLICACIÓN

La **cromatografía** es una técnica para separar sustancias químicas, aprovechando las diferencias en las velocidades en las que las sustancias son absorbidas desde el líquido. Cuando colocaste el filtro de café en el agua, las moléculas fueron atraídas por absorción al papel, que hizo que las tintas se separaran en sus colores originales que estaban combinados para formarlos.

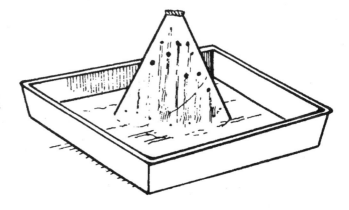

TINTURAS

¿Cómo responden las telas a las tinturas de distinta potencia?

MATERIALES

colorante para comidas
2 vasos de plástico pequeños
agua corriente
2 trozos de tela blanca de algodón,
en un cuadrado de alrededor de 5 cm
2 toallas de papel
pinzas

PROCEDIMIENTO

1. Coloca dos gotas de colorante de comidas en cada uno de los vasos de plástico.
2. Vierte agua corriente en el primer vaso hasta llenar tres cuartos de su capacidad.
3. Vierte agua corriente en el segundo vaso hasta llenar un tercio de su capacidad.
4. Coloca un trozo de tela de algodón en cada uno de los vasos con agua de color y deja que el agua se absorba durante unos minutos.
5. Coloca una toalla de papel delante de cada vaso.
6. Con unas pinzas, retira los trozos de tela del agua coloreada. Coloca cada trozo sobre una toalla de papel directamente en frente del vaso en el cual la sumergiste. ¿Qué notas sobre el color de cada trozo de tela?

EXPLICACIÓN

Al mezclar agua con colorante de comida, preparaste una **tintura** (sustancia para colorear). El colorante de comida puro es una solución **concentrada** (no mezclada con nada). Cuando mezclaste el agua, **diluiste** el color o lo hiciste más leve. Cuanto más agua le agregues, la solución resultará más diluida y el color será más claro. Cuando colocaste los dos trozos de tela en la tintura, éstos absorbieron algo de agua coloreada y las fibras se tiñeron del color de la tintura. El trozo que estuvo en la solución más diluida resultó más claro que el otro que estuvo en la solución más concentrada.

ENERGÍA

Energía es la capacidad de hacer trabajo. Cuando el trabajo está hecho, la energía se **convierte** o cambia de una forma a otra. La energía puede provenir de una cantidad de fuentes, incluidas el sol, el petróleo, el gas natural y aun el viento y el agua corriente.

En esta sección, explorarás algunos tipos de energía que usamos para que nuestras vidas sean más cómodas. Descubrirás cómo cambia un tipo de energía a otra y verás cómo una energía invisible puede curvar un chorro de agua o explotar un globo.

PASAS DE UVA EN MOVIMIENTO

¿Cómo produce movimiento la energía que contienen los productos químicos?

MATERIALES

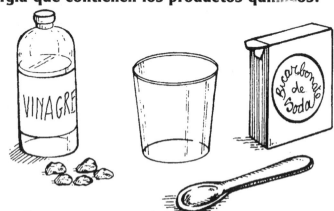

agua corriente
vaso de plástico transparente
pasas de uva
cuchara
2 cucharadas de bicarbonato de soda
2 cucharadas de vinagre blanco

PROCEDIMIENTO

1. Vierte agua en el vaso de plástico hasta llenar tres cuartos de su capacidad.
2. Echa las pasas de uva en el vaso.
3. Agrega revolviendo el bicarbonato de soda hasta que se disuelva.
4. Agrega el vinagre. ¿Qué sucede?

EXPLICACIÓN

Cuando colocaste primero las pasas de uva en el agua, se hundieron hasta el fondo porque son más pesadas que el líquido. Cuando agregaste bicarbonato de soda y vinagre, creaste el gas llamado **dióxido de carbono**. Este gas produjo burbujas en el líquido, que se adhirieron al exterior de las pasas de uva. Las burbujas ayudaron a elevar las pasas, haciéndolas más livianas que el líquido en el que estaban, de modo tal que se elevaron flotando hacia la superficie. Después de que cada pasa llegó a la parte superior, las burbujas estallaron y el gas escapó al aire. Sin burbujas, las pasas volvieron a ser más pesadas que el líquido y se hundieron hasta el fondo para juntar más burbujas.

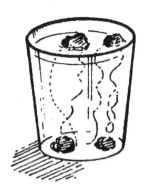

ABSORBENTES DE CALOR

¿Cuáles son los tipos de materiales que mejor absorben calor?

MATERIALES

lápiz
hoja de papel
Para ser realizado en un día de sol.

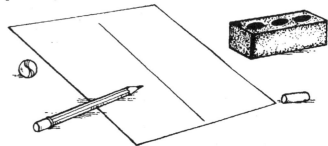

PROCEDIMIENTO

1. Dibuja una línea por el centro de la hoja de papel para hacer dos columnas. Marca una columna como "caliente" y la otra como "no caliente".
2. Observa el entorno del interior de tu casa y del exterior.
3. Toca los objetos que han estado al sol por algún tiempo.
4. Enumera los objetos que son cálidos al tacto y aquellos que no lo son, clasificándolos en las columnas que correspondan.
5. Cuando hayas probado varios objetos, determina los factores que aquellos que se calentaron al sol poseen en común. ¿Qué averiguaste?

EXPLICACIÓN

La cantidad de radiación de calor absorbida por un objeto depende del material con el que está hecho dicho objeto. Los objetos oscuros y ásperos, tales como los ladrillos marrones y rugosos, son buenos absorbentes de calor. Los materiales claros y lisos, tales como el asiento del auto de vinilo blanco, reflejan la mayor cantidad de radiación de calor. Un objeto negro y opaco será más caliente al tacto en un día de sol que un objeto que sea brillante y blanco. Los científicos utilizan esta información para atrapar **energía solar** (energía del sol), fabricando paneles solares para recoger y transmitir la energía del sol. La alimentación solar posee muchos usos, incluidos el hacer funcionar una calculadora y dar calefacción a una casa.

HIELO CALIENTE

¿Cómo afecta la presión a la energía?

MATERIALES

cubito de hielo
plato de papel
tenedor

PROCEDIMIENTO

1. Coloca el cubito de hielo sobre el plato de papel.
2. Pínchalo con el tenedor, haciendo presión, y sosténlo allí por unos minutos.
3. Retira el tenedor. ¿Qué sucedió?

EXPLICACIÓN

Puedes ver cómo se derritió el hielo. La parte superior se derritió por un instante, debido a la presión del tenedor. La presión del tenedor hizo que se formara energía de calor. El calor derritió el hielo.

AGUA QUE SE DOBLA

¿Cómo afectan las descargas eléctricas al agua?

MATERIALES

agua corriente
peine

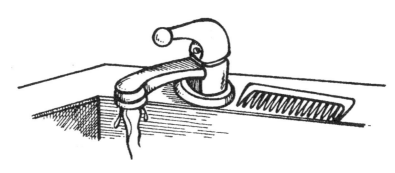

PROCEDIMIENTO

1. Abre la canilla dejando correr un chorro muy fino de agua.
2. Péinate el cabello durante 30 segundos o 30 veces.
3. Mantén el peine cerca del chorro de agua, pero no lo toques con el peine.
   ¿Qué le sucede al chorro de agua?

EXPLICACIÓN

Cuando te peinaste el cabello, lo cargaste con cargas de electricidad estática. El peine quedó cargado con carga negativa. Como la carga negativa atrae a la positiva, la carga del peine atrae la carga positiva del chorro de agua, haciendo que éste se doble.

EXPLOSIONES DE SOL

¿Cuánta potencia posee el calor del sol?

MATERIALES

globo
lupa

PROCEDIMIENTO

1. Infla el globo y ata el cuello para cerrarlo.
2. Mantén la lupa de modo tal que los rayos del sol se dirijan directamente sobre un punto del globo. Mantén la lupa de esta manera, hasta que explote.

EXPLICACIÓN

Los rayos del sol pueden ser muy fuertes. Con la lupa, concentraste la energía solar en un punto y aumentaste el calor. El calor fue lo suficientemente fuerte como para derretir y hacer un diminuto orificio en el globo, haciendo que éste explotara. En los países de climas muy cálidos, a veces se utilizan espejos de curvaturas especiales, como las lupas, para concentrar los rayos del sol, a fin de calentar placas que se usan para cocinar.

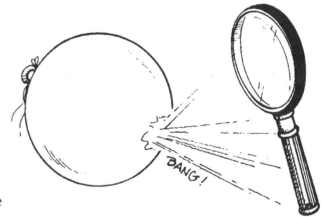

EL BOTÓN MOLINO

¿De qué forma puede cambiarse la energía?

MATERIALES

un trozo de hilo de 1 metro
botón grande de dos agujeros

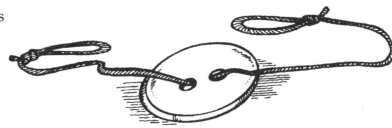

PROCEDIMIENTO

1. Pasa el hilo por los dos agujeros del botón, entrando por un agujero y saliendo por el otro.
2. Ata los extremos del hilo para formar dos lazos grandes.
3. Desplaza el botón hacia el centro del hilo.
4. Sostén uno de los lazos del hilo con una mano.
5. Desplaza el botón hacia ti, haciéndolo girar, hasta que el hilo quede tenso y retorcido.
6. Tira de los dos extremos y estira el hilo. ¿Qué sucede con el botón?
7. Suelta la tensión del hilo. ¿Qué sucede cuando continúas estirando y soltando el hilo?

EXPLICACIÓN

Cuando retorciste el hilo, le transferiste energía que quedó almacenada en él. La energía almacenada se llama **energía potencial**. Cuando estiraste el hilo, la energía almacenada se transfirió al botón y éste comenzó a girar. Ésta es la energía de movimiento o **energía cinética.** El botón que giraba volvió a transferir la energía al hilo. Mientras estirabas y soltabas el hilo, la energía cambiaba entre energía cinética y energía potencial. Los relojes de cuerda utilizan energía cinética y potencial. Cuando le das cuerda a un reloj, lo que haces es almacenar energía. Cuando la energía se libera, el reloj funciona, hasta agotar toda la energía almacenada.

MOLINO DE AGUA

¿Cómo funciona una rueda agua?

MATERIALES

tijeras
plato de papel
lápiz
agua corriente

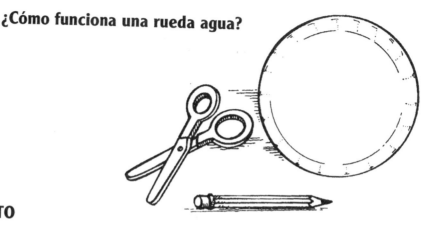

PROCEDIMIENTO

1. Corta un círculo en el plato de papel de alrededor de 10 cm de diámetro.
2. Dibuja un círculo de alrededor de 1 cm de diámetro en el centro del círculo de papel.
3. Realiza seis cortes de 2,5 cm alrededor del borde del círculo. Asegúrate de no llegar a cortarlos cerca del centro.
4. Dobla cada sección por la mitad, de modo que los dobleces queden parados.
5. Pasa un lápiz por el centro del círculo. Así creaste una rueda de agua.
6. Sostén los dobleces de la rueda de agua debajo de la canilla y lentamente abre la canilla. Puedes abrir más la canilla, mientras pruebas la rueda de agua, pero asegúrate de comenzar lentamente. ¿Qué sucede cuando el agua cae sobre la rueda?

EXPLICACIÓN

Mientras sostenías la rueda de agua debajo de la canilla, ésta giraba. El agua en movimiento puede usarse como fuente de energía. Si se fija un eje a la rueda, éste puede servir para hacer girar un sistema de engranajes. Los **engranajes** son ruedas dentadas alrededor de los bordes que se juntan y se hacen girar mutuamente. Los engranajes pueden realizar una variedad de tareas. Es posible que hayas visto viejos molinos construidos en los ríos. Los molineros usaban la energía de la corriente del río para hacer girar máquinas que molían maíz y granos para transformarlos en harina.

46

MOLINO DE VIENTO

¿Cómo produce energía el viento?

MATERIALES

lápiz con una goma plana
regla
cuadrado de papel
tijeras
pinche a presión

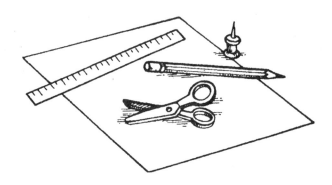

PROCEDIMIENTO

1. Dibuja un círculo de alrededor de 5 cm de diámetro en el centro de la hoja de papel. Marca un punto en el centro del círculo.
2. Corta una línea recta desde una de las esquinas de la hoja de papel hasta el círculo. Asegúrate de no cortar en el interior. Repite el procedimiento en las cuatro esquinas de la hoja de papel.
3. Dobla cada punta hacia el centro del círculo sin doblar el papel. Sostén las puntas en ese centro, pinchándolas con el pinche a presión. Deberías haber creado un molino de viento.
4. Con suavidad coloca a presión el pinche en la goma del lápiz.
5. Sostén el molino de viento de papel delante de ti y sopla. ¿Qué sucede?

EXPLICACIÓN

Un molino de viento se mueve por la fuerza del viento. Al soplar, transfieres alimentación al molino. Para que funcione, el molino de viento, como la rueda de agua, puede estar conectado a un eje que hace girar un sistema de engranajes. Los molinos de viento pueden incluso dar alimentación a un generador eléctrico.

ELECTROIMÁN

¿Cómo puedes hacer un imán con electricidad?

MATERIALES

tijeras
cable recubierto calibre 14
destornillador
regla

batería de 4,5 voltios
sujetadores metálicos
la ayuda de un adulto

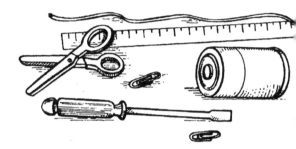

PROCEDIMIENTO

1. Pídele a un adulto que corte un trozo de cable alrededor de cinco veces el largo de la parte metálica del destornillador.
2. Después, el adulto debe pelar los extremos del cable.
3. Dejando alrededor de 15 cm de cable en cada extremo, envuelve la parte media del cable alrededor de la parte metálica del destornillador, de modo tal que los espirales de cable queden juntos.
4. Envuelve uno de los extremos del cable alrededor de uno de los terminales de la batería.
5. Coloca los sujetadores metálicos sobre la mesa.
6. Coloca la punta del destornillador cerca de los sujetadores. ¿Qué sucede?
7. Envuelve el extremo libre del cable alrededor del otro terminal de la batería.
8. Nuevamente, sostén la punta del destornillador cerca de los sujetadores metálicos. ¿Qué sucede?

EXPLICACIÓN

Cuando conectaste el destornillador a sólo uno de los terminales de la batería y lo sostuviste cerca de los sujetadores metálicos, no sucedió nada. Cuando conectaste el extremo libre del cable al otro terminal de batería, el destornillador atrajo algunos de los sujetadores. Lo que hiciste fue transformar el destornillador en un electroimán. Los **electroimanes** son imanes hechos con electricidad.

FUERZA DE GRAVEDAD

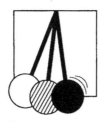

La **gravedad** es la fuerza o el poder que atrae objetos hacia el centro de la tierra. Es también la fuerza que mantiene a la luna en su órbita alrededor de la tierra y, a su vez, a la tierra en órbita alrededor del sol.

La fuerza de gravedad hace que los ríos fluyan hacia los océanos y que las frutas caigan de los árboles. Permite también que camines, ya que actúa contra la energía de tus pasos y te mantiene en la tierra. Es una de las fuerzas más misteriosas y menos comprendidas de la naturaleza.

En esta sección, descubrirás el poder de la fuerza de gravedad. Aprenderás cómo los puentes la desafían, cómo los equilibristas hacen equilibrio sobre una cuerda e incluso cómo esta fuerza puede ayudarte a empapelar una pared.

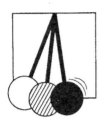

EQUILIBRIO

¿Cuál es el centro de gravedad de un objeto?

MATERIALES

regla

PROCEDIMIENTO

1. Sostén la regla en forma vertical con un extremo apoyado en la palma de tu mano.
2. Camina con la regla y manténla vertical tanto tiempo como puedas. ¿Puedes sentir una fuerza que tira contra la regla?
3. Coloca la regla en forma horizontal.
4. Haz equilibrio mientras colocas un dedo en el medio de la regla.

EXPLICACIÓN

La firmeza de la regla dependió de cómo estaba distribuido su **peso** o su cantidad de fuerza hacia abajo. A fin de hacer equilibrio con la regla, debes encontrar el centro de gravedad. El **centro de gravedad** es donde todo el peso de un objeto parece concentrarse. Es difícil hacer equilibrio con la regla cuando la sostienes en forma vertical, ya que la mayor parte de su peso se encuentra en la parte superior o en la inferior. Cuando colocas la regla en posición horizontal, puedes hacer fácilmente equilibrio sobre tu dedo, ya que el peso está distribuido en forma pareja de los dos lados. Los equilibristas dependen del centro de gravedad que los ayuda a hacer equilibrio sobre una cuerda. Sostienen un palo largo por debajo de las muñecas, mientras caminan por la cuerda. El palo baja su centro de gravedad, haciendo que sea más fácil mantener el equilibrio.

GRAVEDAD DE UNA PELOTA

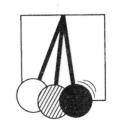

¿Cómo se puede cambiar el centro de gravedad de un objeto?

MATERIALES

pelota de tenis
tachuela plana

PROCEDIMIENTO

1. Haz rodar la pelota por el piso.
2. Pincha la pelota con la tachuela.
3. Vuelve a hacerla rodar. ¿Qué sucede ahora con la pelota?

EXPLICACIÓN

A fin de que la pelota ruede correctamente, su centro de gravedad debe estar en el centro exacto. Cuando la hiciste rodar por primera vez, el centro de gravedad estaba siempre a la misma distancia del piso. Ésa es la razón por la que las pelotas ruedan fácil y en forma pareja. Cuando pinchaste la tachuela en la pelota, cambiaste el centro de gravedad, alejándolo del centro hacia el lado en que estaba pinchada la tachuela. La pelota no rodó tan fácilmente como antes.

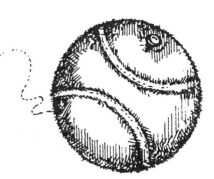

EQUILIBRIO Y GRAVEDAD

¿Cómo puedes hacer para que una vara haga equilibrio en diferentes puntos?

MATERIALES

libro
vara
centavos

PROCEDIMIENTO

1. Abre levemente el libro y colócalo sobre una mesa, de modo que el lomo del libro quede en la parte superior.
2. Coloca la vara encima del lomo para que haga equilibrio.
3. Coloca una moneda de un centavo en uno de los extremos, para que ésta se incline.
4. Busca el nuevo centro de gravedad moviendo la vara, de modo tal que vuelva a hacer equilibrio sobre el lomo.
5. Coloca una segunda moneda en el extremo opuesto de la vara. Ahora, ¿dónde está el centro de gravedad?
6. Continúa el experimento, colocando centavos en diferentes puntos para encontrar diferentes centros de gravedad.

EXPLICACIÓN

Puedes hacer que un objeto haga equilibrio sosteniéndolo por debajo de su centro de gravedad. El centro de gravedad se encuentra exactamente en el medio de la vara. A medida que agregabas centavos, el centro de gravedad se movía hacia el extremo de la vara donde estaban las monedas. Cuando agregaste una cantidad igual de centavos en ambos extremos, el centro de gravedad volvió a moverse hacia el medio. Las balanzas grandes que puedes ver en los consultorios médicos funcionan de manera similar, al usar pesas móviles para contrabalancear tu peso.

NUESTRA FUERZA DE GRAVEDAD

¿Cómo afecta la atracción gravitacional tu ubicación en un edificio?

MATERIALES

balanza de baño
Para ser realizado en un edificio alto

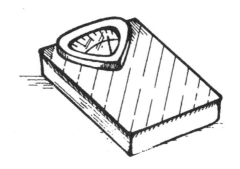

PROCEDIMIENTO

1. Pésate en el último piso de un edificio alto.
2. Pésate en la planta baja del edificio. ¿Existe diferencia en tu peso, según tu ubicación en el edificio?

EXPLICACIÓN

El peso es la medición de la cantidad de fuerza hacia abajo que se ejerce sobre un objeto. Tu peso en el último piso de un edificio es levemente menor que en la planta baja. El peso disminuye a medida que te alejas del centro de gravedad de la tierra. Los astronautas no tienen peso en el espacio, porque están lejos del centro de gravedad de la tierra.

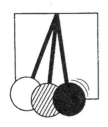

PÉNDULO

El peso de un péndulo ¿afecta la sincronización de su balanceo?

MATERIALES

2 trozos de hilo de alrededor de 1,7 m de largo
3 cucharas
2 pinches a presión
la ayuda de un adulto
Para ser realizado delante de una entrada

PROCEDIMIENTO

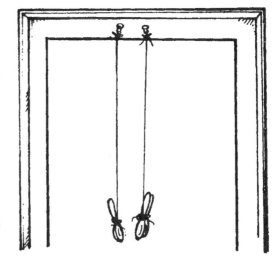

1. Ata uno de los trozos de hilo a la parte más fina de una de las cucharas.
2. Coloca las otras dos cucharas superpuestas. Ata el segundo trozo a la parte más fina de las dos cucharas que están juntas.
3. Pídele a un adulto que fije los extremos de los dos hilos a la parte superior de una entrada con los pinches. Los hilos deberían estar separados a 5 cm uno del otro.
4. Mantén los hilos derechos, levanta las cucharas a la misma altura y quédate a varios centímetros al costado de la entrada.
5. Suelta las cucharas simultáneamente. Asegúrate de que no golpeen nada.

EXPLICACIÓN

Has creado dos péndulos. Los **péndulos** son pesos colgantes que se balancean por la influencia de la fuerza de gravedad. Cuando los soltaste, los dos se balancearon simultáneamente con igual cantidad de fuerza. Los dos se balancearon a la misma distancia, aun cuando uno de ellos era más pesado. Los relojes contienen péndulos. El movimiento de balanceo continuo del péndulo regula el movimiento del reloj.

PLOMADA DE PÉNDULO

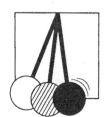

¿Qué es una plomada?

MATERIALES

trozo de hilo de alrededor de 1 metro de largo
cuchara

PROCEDIMIENTO

1. Ata el trozo de hilo a la parte más fina de la cuchara.
2. Sostén el otro extremo del hilo, de modo tal que la cuchara apunte hacia abajo.
3. Espera hasta que la cuchara detenga su balanceo.

EXPLICACIÓN

Una **plomada** es como un péndulo que detiene su balanceo. Las plomadas se usan para encontrar líneas **verticales** (de arriba hacia abajo). La fuerza de gravedad atrae el peso hacia el centro de la tierra, haciendo que el peso cuelgue en forma vertical. Los empapeladores usan plomadas para lograr una línea recta sobre una pared, de modo tal que puedan colocar el papel derecho. Las plomadas pueden también usarse para medir la profundidad de un cuerpo de agua.

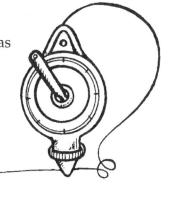

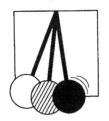

ATRACCIÓN

¿Por qué los líquidos no fluyen a la misma velocidad?

MATERIALES

perforadora de papel
3 vasos de papel
cinta adhesiva de pintor
fuente grande
melazas
agua corriente
aceite vegetal
sincronizador
ayudante

PROCEDIMIENTO

1. Perfora un orificio en el costado de cada vaso de papel, cerca de la base. Asegúrate de que los orificios de todos los vasos sean del mismo tamaño y estén a la misma distancia de la base.
2. Coloca un pequeño trozo de cinta de pintor sobre el orificio de cada vaso.
3. Coloca los vasos en la fuente grande.
4. Vierte melaza, agua y aceite en cada uno de ellos, hasta el tope.
5. Con tu ayudante, retira simultáneamente la cinta adhesiva de los vasos. Anota la cantidad de tiempo que tarda cada líquido en salir. ¿En qué orden se vacía cada uno?

EXPLICACIÓN

El primer vaso en vaciarse fue el que tenía agua. El último fue el que tenía melaza. En tanto que la fuerza de gravedad atrae todo con la misma potencia, los líquidos pueden fluir a velocidades distintas. La **viscosidad** de un líquido es la velocidad a la que dicho líquido puede ser vertido. Cuanto más espeso es, más tiempo tardará en moverse. La viscosidad también se ve afectada por la temperatura. Los líquidos calientes fluyen más rápido que los fríos. La miel se extiende sobre los panqueques más rápido cuando está caliente que cuando está fría.

SE CAE UN LÁPIZ

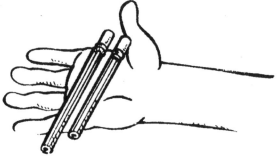

**¿Cómo afecta la gravedad a aquellos objetos
que caen simultáneamente?**

MATERIALES

2 lápices sin punta de diferentes tamaños

PROCEDIMIENTO

1. Coloca los dos lápices en la palma de una mano con las gomas apuntando hacia el mismo lado.
2. Deja caer los lápices al mismo tiempo. Los lápices, ¿llegan al piso simultáneamente?

EXPLICACIÓN

Los lápices llegan al piso simultáneamente. El tamaño y el peso no tienen efecto sobre el tiempo que les lleva a los dos objetos caer a la misma distancia. La fuerza de gravedad atrae a cada lápiz con igual potencia. La velocidad de un objeto en caída libre es de 9,5 m por segundo.

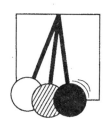

LIBROS EN EQUILIBRIO

¿Cómo puedes hacer que una pila de libros se sostenga sin caerse?

MATERIALES

6 a 8 libros

PROCEDIMIENTO

1. Coloca un libro a aproximadamente 30 cm del borde de una mesa.
2. Coloca otro sobre este libro, pero emplázalo de forma tal que sobresalga del primero, lo suficiente para hacer equilibrio.
3. Coloca un tercer libro sobre el segundo libro, de la misma manera.
4. Continúa apilandolos de esta forma hasta que completes la pila. Asegúrate de balancear los libros, de modo tal que no se caigan.
   ¿Qué sucede mientras agregas libros?

EXPLICACIÓN

Cuando apilaste los libros de esta manera, actuaron como si se tratara de un objeto y se mantuvieron apilados hasta que el centro de gravedad ya no fue soportado por el libro de la base. A medida que agregabas cada libro, el centro de gravedad cambiaba. Sin embargo, mientras se mantenía dicho centro de gravedad, los libros no se cayeron. Cuando ya no se mantuvo, se cayeron. Los ingenieros civiles utilizan este principio cuando diseñan puentes.

EL CUERPO HUMANO

 El cuerpo humano es un organismo complejo compuesto de muchas partes diferentes que funcionan todas juntas, a fin de ayudarte a mover todos los días. Cada célula de tu cuerpo juego un papel vital. El sistema óseo sostiene tu cuerpo con su detallada estructura de huesos. Tu sistema muscular te ayuda a moverte. El sistema circulatorio ayuda a mantener la sangre y otros líquidos en movimiento. Y la piel ayuda a mantener todos estos sistemas en el interior del cuerpo.

En esta sección, descubrirás mucho más sobre tu cuerpo y cómo funciona. Crearás un instrumento para escuchar tu corazón. Harás que tus ojos vean ilusiones ópticas. Además, aprenderás más sobre tus características familiares.

ZAPATOS VIEJOS

¿Por qué los zapatos se gastan en lugares diferentes?

MATERIALES

un par de zapatos viejos

PROCEDIMIENTO

1. Examina la suela de cada zapato en los lugares en que se la ve más delgada.
2. Observa los tacos. ¿Se gastó uno de los tacos más que el otro?
3. Observa la zona de los dedos de cada zapato.

EXPLICACIÓN

Cuando pivoteas o caminas, tu pie y el suelo ejercen fuerza en el zapato. Dicha fuerza hace que el zapato se gaste. Cuando examinaste tus zapatos, notaste que se gastaron algunos lugares más que otros. Dichos lugares donde ejerciste mayor presión, hicieron que el zapato se gastara más. El cuerpo de todos es diferente, de modo que todos gastamos los zapatos de forma diferente. Algunas personas colocan mayor peso en el interior de los pies, en tanto que otras lo hacen en la parte exterior.

RELOJ DE PULSO

¿Cómo puedes decir que tu corazón late?

MATERIALES

mondadientes
arcilla de modelar

PROCEDIMIENTO

1. Pincha el mondadientes en una bolita de arcilla.
2. Extiende el brazo, sin moverlo para nada.
3. Coloca la bolita de arcilla con el mondadientes mirando hacia arriba, sobre la muñeca donde crees haber localizado tu pulso. Es posible que debas mover la bolita hasta que encuentres el latido más fuerte. ¿Qué sucede con el mondadientes?

EXPLICACIÓN

Viste un movimiento leve pero regular del mondadientes. El mondadientes se movió a medida que la sangre era bombeada en su largo recorrido a través de los vasos sanguíneos hacia el corazón. Tu **pulso** latía porque tu corazón se movía a medida que se bombeaba sangre a las arterias para que circulara por los vasos sanguíneos. Los médicos miden las pulsaciones para saber si el corazón de una persona late en forma normal.

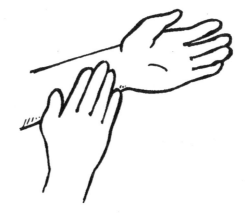

SONIDOS DEL CORAZÓN

¿Cómo puedes oírte el corazón?

MATERIALES

2 embudos de plástico
un tubo de plástico de
1 metro de largo (que calce en
los extremos de los embudos)

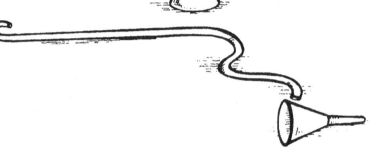

PROCEDIMIENTO

1. Presiona el embudo de plástico en cada uno de los extremos. Presiona bien fuerte para que los embudos no se muevan.
2. Coloca uno de los embudos sobre tu corazón.
3. Coloca el otro embudo en tu oído. ¿Qué oyes?

EXPLICACIÓN

Con este modelo de estetoscopio, oíste cómo tu corazón bombeaba sangre. Un **estetoscopio** es un dispositivo que captura las ondas de sonido y las canaliza por el tubo directamente al oído, de modo que se puedan oír mejor los sonidos del cuerpo. El embudo tomó las ondas de sonido que se producían en una parte grande de tu pecho.

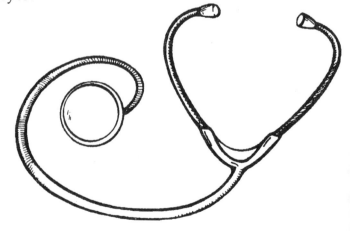

MOVIMIENTOS DE LOS MÚSCULOS

¿Cómo funcionan los músculos?

MATERIALES

tu cuerpo

PROCEDIMIENTO

1. Coloca una mano encima de los músculos de la parte superior de tu brazo y manténla allí.
2. Mueve la parte inferior del brazo hacia adelante y hacia atrás. ¿Qué sientes?

EXPLICACIÓN

Los músculos son partes del cuerpo y ayudan a moverlo. En general, funcionan de a pares. Cuando moviste el brazo, sentiste que trabajaban los **bíceps** y **tríceps**. Los músculos como los bíceps y tríceps funcionan cuando el cerebro les ordena hacerlo. Pero otros músculos se mueven sin instrucciones del cerebro. Por ejemplo, el corazón es un músculo, pero no necesita que le digan que bombee.

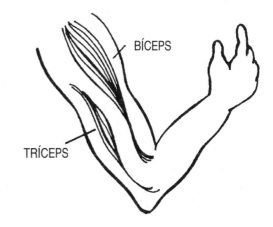

63

INVESTIGACIÓN DE LA MANO

¿Cómo afecta la edad a la piel?

MATERIALES

lupa
varios ayudantes adultos y niños

PROCEDIMIENTO

1. Examina el dorso de tu mano bajo una lupa.
2. Pregúntale a personas de distintas edades, si puedes examinarles el dorso de sus manos.
   ¿Cuáles son las diferencias entre la piel de las manos más jóvenes y de las más viejas?

EXPLICACIÓN

La piel es en verdad un órgano del cuerpo. Es elástica, de modo que se expande y se contrae con tu cuerpo. A medida que creces, tu piel pierde elasticidad. Como si fuera una banda de goma vieja, la piel no se contraerá a su forma original. En lugar de ello, se aflojará cada vez más y se formarán pequeñísimas arrugas. Cuando mires las manos de una persona mayor, podrás ver dónde la piel ha perdido elasticidad.

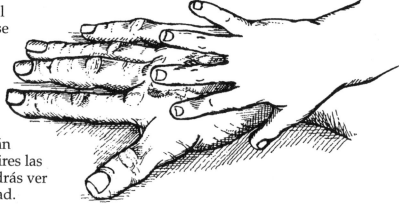

LA LUZ
DE LOS OJOS

¿Cómo filtran la luz los ojos?

MATERIALES

espejo

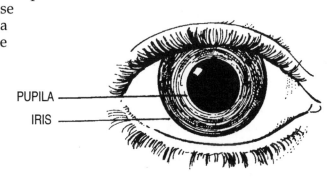

PROCEDIMIENTO

1. Mira con detenimiento uno de tus ojos en un espejo.
2. Observa la mancha negra en el centro del ojo y el área que la rodea.
3. Cierra los ojos por unos minutos. Después, ábrelos y vuelve a mirar el área que rodea la mancha negra. ¿Qué hace esta área cuando entra más luz?

EXPLICACIÓN

La luz ingresa al ojo a través de una pequeña mancha negra llamada **pupila**. Alrededor de la pupila se encuentra la parte de color, conocida con el nombre de **iris**. Si la luz es débil, la pupila se expande y deja entrar más luz. Si la luz es brillante, la pupila se contrae y rechaza luz. Cuando abriste primero los ojos después de haberlos cerrado por un rato, tu pupila era grande, pero después de inmediato se hizo más pequeña, cuando la luz ingresó al ojo.

PUPILA
IRIS

EXTRAÑA MARAVILLA

¿Qué sucede si miras fijo un color por mucho tiempo?

MATERIALES

lápiz
regla
2 hojas de papel blanco
marcadores amarillo,
verde y negro
sincronizador

AMARILLO

NEGRO

VERDE

PROCEDIMIENTO

1. Dibuja un cuadrado de 15 cm en una de las hojas de papel.
2. Dibuja un borde amarillo de 2,5 cm alrededor del cuadrado.
3. Colorea el área dentro del borde de color verde.
4. Coloca un punto negro en el centro del cuadrado.
5. Bajo una luz brillante, sostén el papel y mira el punto negro sin pestañear alrededor de 1 minuto.
6. Cuando haya pasado el tiempo, mira la hoja de papel en blanco. ¿Qué puedes ver?

EXPLICACIÓN

Viste la imagen del cuadrado en la hoja de papel en blanco, pero de colores diferentes. Las partes especiales de tus ojos, llamadas **conos**, distinguen entre la luz verde, roja y azul. Son los tres colores primarios que conforman la luz blanca. Cuando miraste fijo el punto negro por un minuto, los conos correspondientes a ese color funcionaron en forma continua. Cuando más tarde miraste fijo el papel en blanco, que está formado de tres colores, sólo los conos que antes no funcionaron, trabajaron en ese momento porque los otros ya habían tenido un exceso de trabajo.

OJOS LLOROSOS

¿Por qué las cebollas te hacen llorar?

MATERIALES

cebolla

PROCEDIMIENTO

Pela la cebolla. ¿Qué sucede con tus ojos?

EXPLICACIÓN

Cuando pelaste la cebolla, tus ojos comenzaron a llorar. Las cebollas contienen un aceite irritante que escapa al aire cuando la cebolla se pela o se corta. Dicho aceite se transformó en un vapor que afectó las terminaciones nerviosas de la nariz. Estos nervios están conectados a los ojos, de modo tal que éstos se irritaron y comenzaron a correr las lágrimas. Para evitar el llanto la próxima vez, pela las cebollas debajo de un chorro de agua. El agua evita que el aceite se expanda por el aire.

GENES
DE FAMILIA

¿Por qué eres igual y a la vez diferente a otros miembros de tu familia?

MATERIALES

lápiz
hoja de papel

PROCEDIMIENTO

1. Escribe "Mamá" y "Papá" en una hoja de papel.
2. Debajo de cada palabra, haz una lista de las características físicas evidentes de tus padres, tales como el color de ojos, del cabello y cosas por el estilo.
3. Después escribe tu nombre y los de tus hermanos y hermanas.
4. Haz una lista de tus características y de las de tus hermanos.
5. Compara tus características con aquellas de tus hermanos y hermanas, y todas con las de tu padre y madre.

EXPLICACIÓN

La **genética** es el estudio de por qué los seres vivos se ven y se comportan como lo hacen. Dentro de cada célula existen unos diminutos **cromosomas**. Las diferentes partes de cada cromosoma tiene mensajes codificados. Cada parte se llama **gen**. Los genes tienen toda la información necesaria para hacer que una planta o animal nuevos se vean y se comporten como lo hacen. Tú posees los genes de tus padres y, a veces, puedes saber de qué padre proviene una característica tuya.

LA LUZ

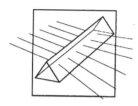

La **luz** es una forma única de energía. Viaja por ondas que son siempre líneas rectas. Puedes ver objetos porque la luz se refleja en ellos. La luz también amplía, se curva y rebota.

En esta sección, descubrirás la razón por la que las gemas brillan y las sombras cambian de tamaño a lo largo del día. Incluso podrás crear un caleidoscopio simple con objetos que puedas recolectar.

ESPEJITO

¿Cómo refleja imágenes una cuchara?

MATERIALES

cuchara

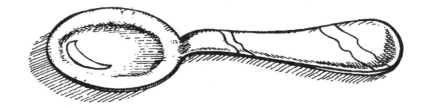

PROCEDIMIENTO

1. Sostén la cuchara por el mango y mira la parte cóncava, que es la parte curvada hacia adentro.
2. Gira la cuchara en forma horizontal, para mirar tu propia imagen. ¿Cómo cambia tu imagen?
3. Da vuelta la cuchara y mira la parte que se curva hacia afuera. ¿Qué es lo que observas ahora?

EXPLICACIÓN

Cuando sostuviste la cuchara por el mango con el lado largo de la parte cóncava hacia arriba, viste tu imagen alargada y delgada. Cuando la diste vuelta hacia los costados o en forma horizontal, tu imagen se vio baja y plana. Cuando la diste vuelta, viste una imagen invertida. Una cuchara es tanto cóncava (se curva hacia adentro) como convexa (se curva hacia afuera). Un **espejo** plano (superficie que refleja la mayor parte de la luz que se proyecta sobre ella) refleja o hace rebotar la luz hacia el ojo, pero un espejo cóncavo refleja la luz hacia el centro del ojo. Como la cuchara no es totalmente redonda, la luz se reflejó a diferentes distancias, haciendo cambiar la forma de tu imagen. Un espejo convexo refleja la luz alejándola del centro y, a su vez, invierte la imagen.

MUCHOS ESPEJOS

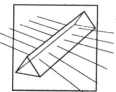

¿Cómo se puede reflejar varias veces la luz?

MATERIALES

5 ó 6 espejos

PROCEDIMIENTO

1. Coloca el primer espejo directamente al rayo del sol.
2. Coloca el segundo espejo donde los rayos del sol se reflejen desde el primer espejo.
3. Coloca el tercer espejo donde los rayos del sol se reflejen desde el segundo espejo.
4. Continúa con esta disposición hasta que hayas usado todos los espejos. ¿Qué sucede con los rayos del sol cuando dispones los espejos de esta manera?

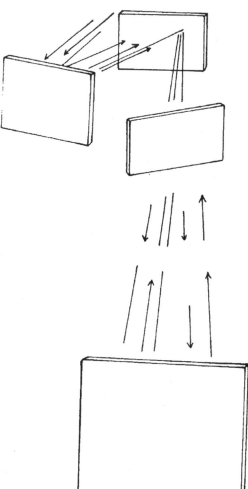

EXPLICACIÓN

Cuando dispones los espejos de esta manera, haces que los rayos se reflejen de un espejo al otro, después de otro a otro y así sucesivamente. Cuando la luz choca contra una superficie brillante como puede ser la de un espejo, los rayos de luz se reflejan en otra dirección. Estos rayos se proyectan de la superficie en el mismo ángulo en el cual ingresaron, de modo tal que puedes predecir hacia dónde irán los rayos. Puedes utilizar cualquier cantidad de espejos para hacer que la luz siga rebotando alrededor.

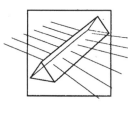

PAJITAS
QUE SE DOBLAN

¿Que sucede con la luz cuando pasa a través del agua?

MATERIALES

vaso de plástico transparente
agua corriente
pajita de sorber

PROCEDIMIENTO

1. Llena con agua el vaso de plástico.
2. Coloca la pajita en el vaso.
3. Inclínate hacia abajo para mirar la pajita
   a través del costado del vaso.
   ¿Qué observas en la pajita?

EXPLICACIÓN

Cuando miràste la pajita desde un costado, ésta parecía
estar doblada, pero en realidad no lo estaba. Los rayos de
luz se **refractan** (curvan) cuando pasan del aire al agua.
La luz viaja más rápido a través del aire que a través del
agua, de modo que la pajita parecía levemente doblada
allí donde la luz pasaba desde una sustancia a otra.

VESTIDOS DE BRILLANTES

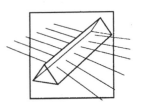

¿Por qué algunas piedras brillan a la luz?

MATERIALES

trozos de cristales (cuentas de cristal o de vidrio)

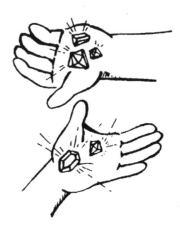

PROCEDIMIENTO

1. Coloca la piedra de cristal al sol.
2. Gira la piedra y examina cómo la afecta la luz.
3. Observa si puedes hace que el brillo rebote contra la pared o contra el piso.

EXPLICACIÓN

Las cuentas de cristal o de vidrio están cortadas en una forma especial para reflejar la mayor cantidad de luz posible. A medida que la luz choca contra los diferentes ángulos de la piedra, ésta se refracta, produciendo un espectro de color y devolviendo la luz a tus ojos a diferentes ángulos, de modo tal que la piedra brilla cuando la mueves.

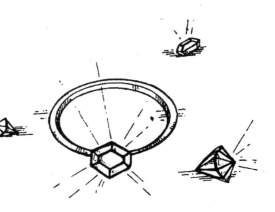

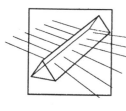

ESPEJO CON MANGO

¿Cómo puedes ver al otro lado de la esquina?

MATERIALES

vara
cinta adhesiva de pintor
espejo de bolsillo
*Para ser realizado delante
de la entrada de una casa*

PROCEDIMIENTO

1. Coloca la vara sobre una mesa.
2. Pega la parte superior e inferior del espejito al extremo del palo. Asegúrate de no cubrir la superficie del espejo.
3. Gira el espejo y el mango, y asegúralo mejor con cinta.
4. Párate al lado de una entrada y utiliza el mango para sostener el espejo afuera de la abertura de la puerta. Mueve el espejo hacia los diferentes objetos que hay del otro lado.

EXPLICACIÓN

Has creado un **periscopio** simple, instrumento que te permite ver objetos alrededor. La luz se reflejó sobre el espejo en el mismo ángulo en que impactó sobre el espejo. Si sostuviste el espejo en el ángulo correcto, pudiste reflejar en tus ojos los rayos de luz que entraban por la puerta, de modo tal que te permitió ver lo que había del otro lado. Los submarinos utilizan periscopios para mirar por encima de la superficie del océano.

CALEIDOSCOPIO

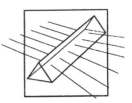

**¿Cómo se pueden multiplicar los reflejos
para crear formas geométricas interesantes?**

MATERIALES

3 espejos de bolsillo rectangulares
cinta adhesiva de pintor
objetos pequeños (semillas, piedras,
trozos de papel)

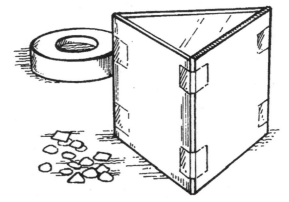

PROCEDIMIENTO

1. Dispone los tres espejos de modo tal que puedan quedar parados sobre el extremo
   más corto y a su vez queden enfrentados entre sí. Deben formar un triángulo con los
   lados espejados mirando hacia adentro.
2. Sujeta la parte posterior de los espejos con cinta adhesiva.
3. Echa objetos pequeños en el espacio creado y mira a
   través de la abertura de la parte superior. ¿Qué es lo
   que puedes ver?

EXPLICACIÓN

Has creado tu propio **caleidoscopio**. La luz en el
caleidoscopio se reflejó de espejo a espejo,
creando imágenes y formas repetidas.
Cuando cambiaste la posición de los objetos
en el caleidoscopio, se formaron nuevas
formas de imágenes.

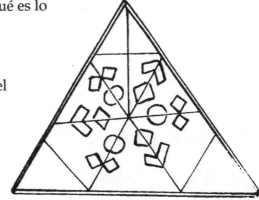

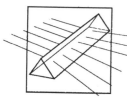

PEINE DE RAYOS DE LUZ

¿Cómo afectan su potencia los ángulos de los rayos del sol?

MATERIALES

peine
trozo de cartulina blanca

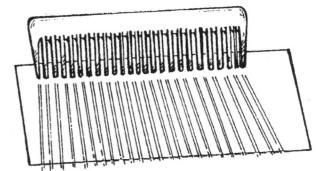

PROCEDIMIENTO

1. Coloca el peine con los dientes mirando hacia abajo, junto a uno de los bordes de la cartulina, de modo tal que los rayos del sol brillen a través de los dientes sobre la cartulina.
2. Inclina la cartulina en distintos ángulos, siempre dejando el borde inferior junto a los dientes sobre la mesa. ¿Cómo afecta el ángulo de la cartulina la forma de luz que se refleja sobre ésta?

EXPLICACIÓN

La luz puede expandirse o concentrarse para cubrir áreas grandes o pequeñas. Según la forma en que inclines la cartulina, los rayos del sol que pasan por el peine se alargaron o se acortaron. Cuando la luz cubrió un área grande, no fue brillante, ya que no fue tan fuerte en ningún punto sobre la cartulina como lo era la luz directa del sol. Como la Tierra tiene una inclinación respecto del Sol, la luz de éste choca contra la Tierra en diferentes ángulos, durante todo el año. Estamos en verano en el **hemisferio** norte cuando esta mitad de la Tierra está inclinada hacia el Sol y los rayos de luz brillan en forma más directa. Cuando es invierno en el hemisferio norte, los rayos de luz chocan contra la Tierra a mayor ángulo y se expanden.

SOMBRAS QUE CAMBIAN

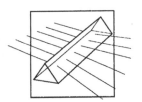

¿Por qué los mismos objetos proyectan sombras diferentes a lo largo del día?

MATERIALES

linterna
libro

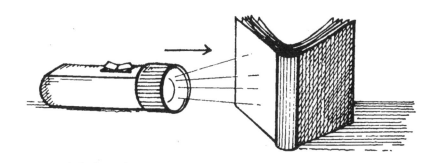

PROCEDIMIENTO

1. Enciende la linterna y oscurece una habitación.
2. Coloca el libro en forma vertical sobre una mesa.
3. Dirige la luz de la linterna directamente sobre el libro y mira su sombra. ¿Qué tamaño tiene?
4. Dirige la luz al libro desde el costado. ¿Qué tamaño tiene ahora la sombra?

EXPLICACIÓN

Cuando un objeto bloquea los rayos de luz, crea una zona oscura llamada **sombra**, donde los rayos habrían caído. Se pueden predecir las sombras, ya que los rayos de luz viajan en línea recta. Cuando dirigiste la luz de la linterna directamente sobre el libro, la sombra que creó fue corta o baja. Cuando dirigiste la luz de costado, la sombra se hizo larga. En los días de sol, las sombras son largas a la mañana, cuando el sol está bajo en el cielo. Las sombras se hacen cada vez más bajas hacia el mediodía, cuando el sol casi está directamente encima de nuestras cabezas. En la puesta del sol, las sombras vuelven a ser más alargadas.

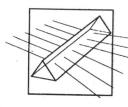

HACES DE LUZ

¿Por qué la luz hace que el cielo se vea azul?

MATERIALES

vaso de plástico transparente
agua corriente
leche
linterna

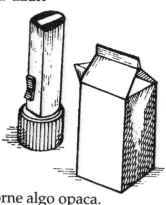

PROCEDIMIENTO

1. Llena el vaso con agua.
2. Agrega unas gotas de leche, de modo tal que el agua se torne algo opaca.
3. Oscurece una habitación.
4. Mantén la linterna delante del vaso, de modo que el haz de luz pase a través.
5. Mira dentro del vaso de plástico desde arriba. ¿Qué sucede con la leche?

EXPLICACIÓN

Cuando agregaste leche al agua, la luz se hizo más visible porque las partículas de la leche la reflejaron. La luz en el agua lechosa se tornó de un color azul pálido, porque las partículas separaron las ondas azules de luz. El polvo y las gotas de agua casi siempre están presentes en la atmósfera terrestre. Estas partículas doblan la luz proveniente del sol, haciendo que el cielo se vea azul. Cuando el sol sale o se pone, los colores cambian porque la luz pasa a través de mayor número de partículas a diferentes ángulos, de modo tal que otras ondas de luz se curvan al llegar a tus ojos.

palanca: barra que se apoya en un soporte y que al recibir presión sobre un extremo, eleva el otro.

partículas: trozos muy pequeños.

péndulo: peso que cuelga de un punto fijo.

periscopio: instrumento que hace posible ver al otro lado de algo.

peso: fuerza hacia abajo que la fuerza de gravedad ejerce sobre un objeto.

pigmento: sustancia en las cosas que otorgan color.

pivote: punto en el cual gira algo.

plastrón: parte de abajo de una tortuga.

plomada: dispositivo utilizado para lograr líneas verticales.

polea: máquina simple que consta de una soga y una o más ruedas para cambiar la dirección de una fuerza.

polos: extremos norte y sur de un imán.

presión: fuerza que actúa sobre cada unidad del área de una superficie.

pulso: latido regular de las arterias provocado por los movimientos del corazón, mientras éste bombea sangre.

punto de apoyo: punto en el cual se apoya una palanca cuando levanta un objeto.

punto de enfoque: punto en el cual convergen las líneas de luz.

punto de rocío: temperatura en un termómetro cuando el rocío o vapor recién comienza a formarse.

pupila: abertura en el centro del ojo.

rayo: destello en el cielo producido cuando la electricidad pasa de una nube a otra.

reflejar: rebotar luz.

refractar: curvar luz.

repeler: separar.

resistencia: capacidad de soportar una fuerza.

rocío: aire cálido y húmedo que entra en contacto con objetos más fríos, haciendo que aparezca en ellos humedad.

secretar: liberar o expeler.

segmento: sección.

sombra: área oscura donde los rayos de luz habrían caído si no fuera por el objeto que se interpuso en el camino.

tanques de lastre: tanques de aire y agua que hacen que un submarino emerja y se sumerja en agua.

telescopio: dispositivo óptico que contiene lentes y espejos para ampliar objetos distantes.

tensión de superficie: fuerza que atrae las moléculas de agua entre sí y que mantiene unida la superficie del agua.

termómetro: dispositivo para medir la temperatura.

tintura: sustancia para colorear.

tórax: parte media del cuerpo de un insecto.

tríceps: conjunto pequeño de músculos situados en la parte superior del brazo.

valva izquierda: parte de la ostra que se fija a los objetos en el agua.

vapor: sustancia en estado gaseoso.

vertebrados: animales con columna vertebral.

vertical: línea que corre de arriba hacia abajo.

viento helado: efectos de enfriamiento que ejercen los vientos y las temperaturas sobre la piel.

viscosidad: capacidad que poseen los líquido para circular.

volumen: cantidad de espacio en el interior de algo.

ÍNDICE DE EXPERIMENTOS

¡Hacéte socio del Club de Lectores Tus Maravillas!

Completá este cupón y envialo a J. Salguero 2745 5° 51 (1425) - Cap. Fed.

Nombre y apellido ....

Dirección ....

Provincia .... Localidad ....

C.P. .... Tel. ....

Fecha de Nac. ..../......./......... Ocupación ....

1 - ¿Es tu primer libro de Editorial Albatros? En caso de no ser éste el primero ¿Qué otros tenés? ....

....

2 - ¿Dónde lo compraste?

❑ librerías   ❑ ferias   ❑ supermercados

❑ círculos de lectores ❑ quioscos de diarios y revistas

❑ otros...

3 - ¿Cómo llegaste a él?

❑ recomendación   ❑ comentarios en diarios o revistas

❑ publicidad   ❑ regalo   ❑ otros..............................

4 - ¿Leés algún diario o revista regularmente?¿Cuál?

....

....

5 - ¿Qué temas te interesan especialmente?

❑ manualidades   ❑ animales   ❑ Ecología

❑ cocina   ❑ jardinería   ❑ dibujo

❑ arte   ❑ historia   ❑ ciencias

❑ otros...

6 - Sugerencias ....

....

Sólo válido para la República Argentina

A vuelta de correo te enviaremos los catálogos para que conozcas todos nuestros libros. Esperamos tu respuesta.

Se terminó de imprimir
en el mes de agosto de 1999 en
Gráfica M. P. S. S.R.L.
Santiago del Estero 338 - Lanús
Buenos Aires - República Argentina